CB074214

Chânfara
Poema dos árabes

coleção alif

Chânfara
Poema dos árabes

Tradução
Michel Sleiman

Tabla.

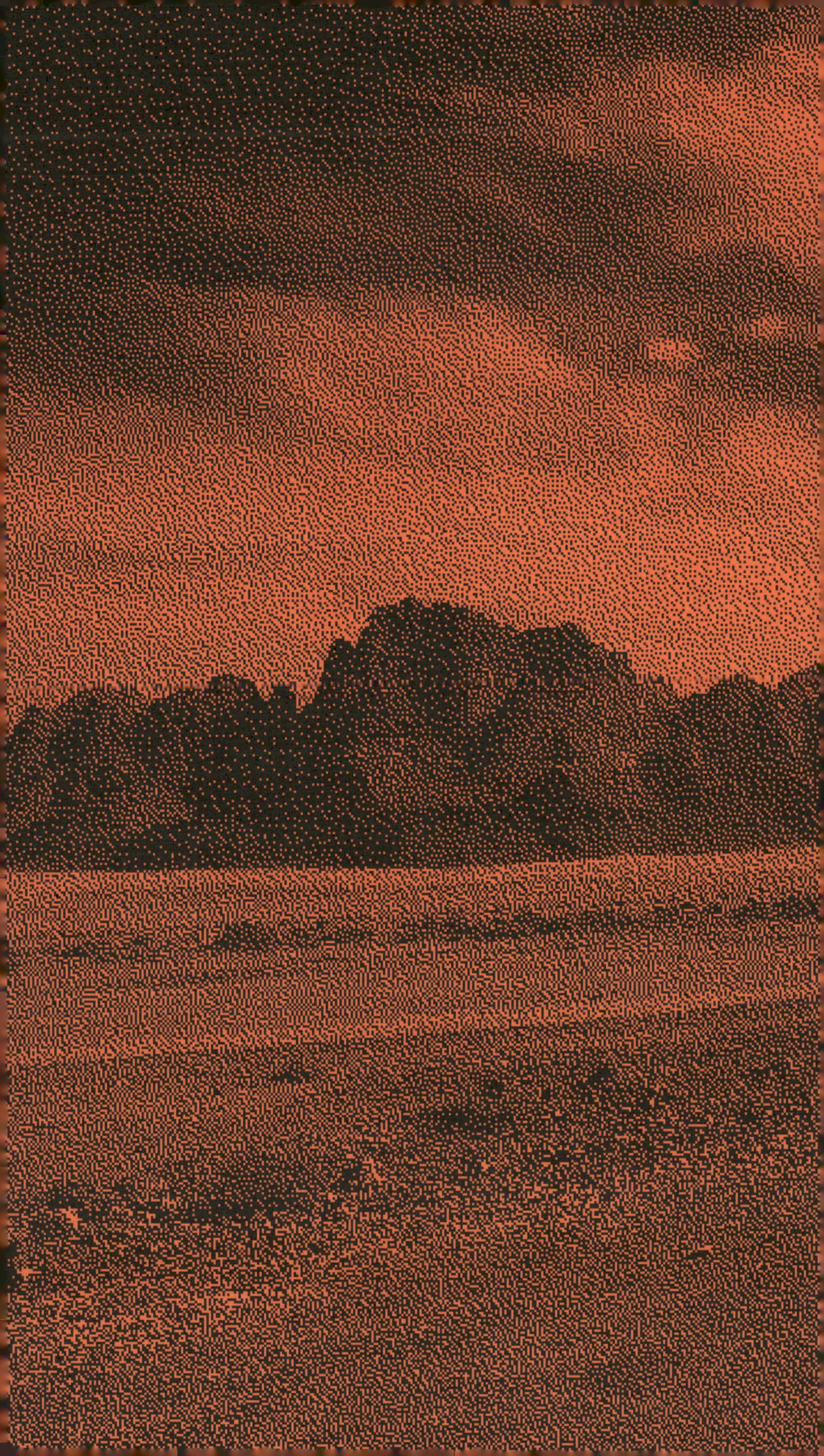

Apresentação

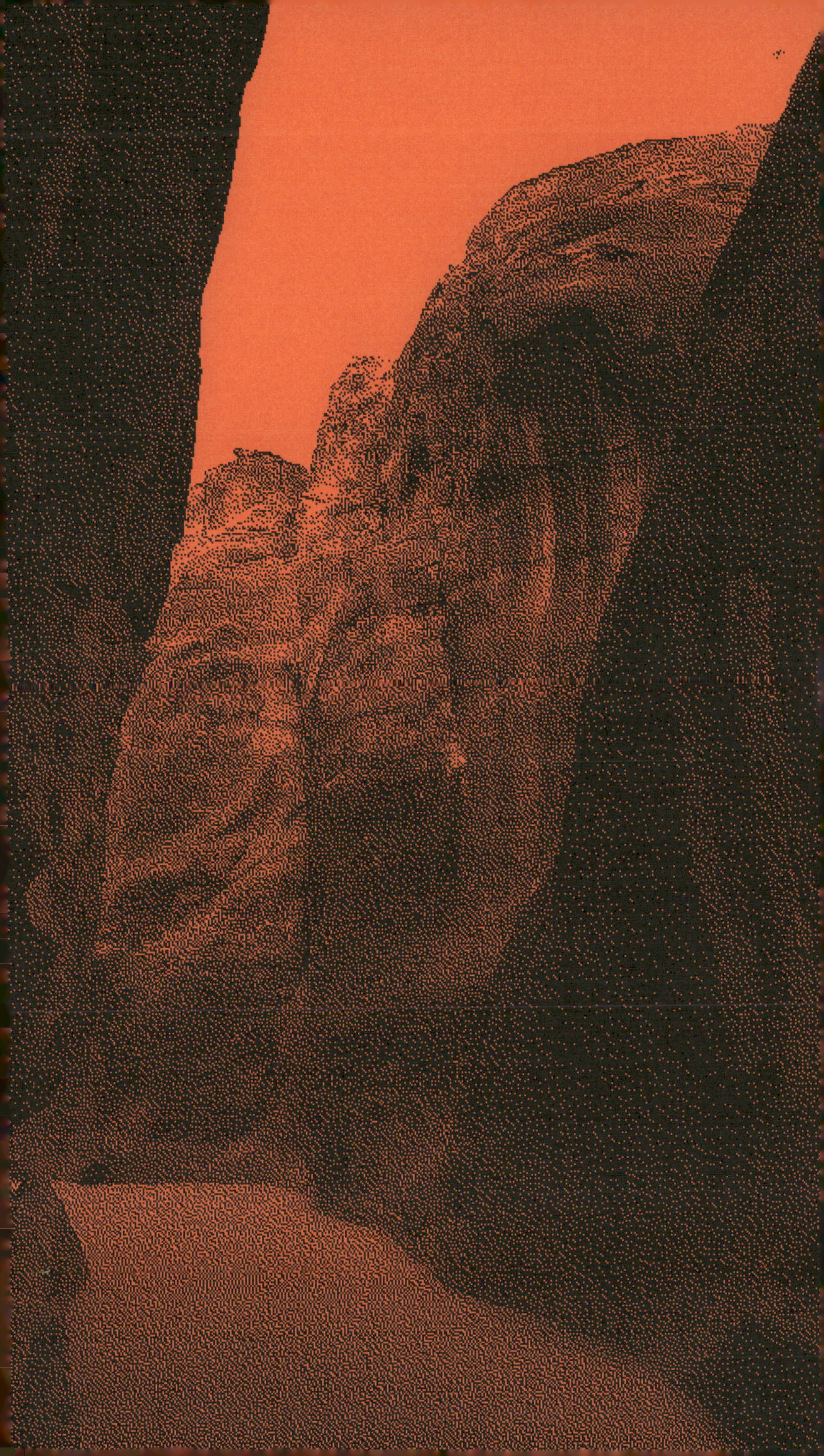

Este *Poema dos árabes* é atribuído a um poeta lendário da Península Arábica, conhecido pelo apodo de Chânfara, "o homem dos lábios grossos". O poeta nasceu nas terras do Iêmen, no clã dos Awás, pertencente à tribo dos Azd, mas cresceu em outro clã dessa tribo, o dos Salaman, sem saber de sua verdadeira origem. Adulto, descobre que fora capturado menino e tornado refém por um clã de uma tribo inimiga, os Fahm, que mais tarde o trocou por outro refém dos Salaman, por quem seria criado e mantido na condição de servo.
Ao inteirar-se da verdade, revolta-se contra os membros de sua tribo por não o terem reintegrado de modo justo, jurando, por vingança, matar 100 membros dos Azd — o que efetivamente ele concretiza.

Tal circunstância explica, em boa medida,
o destino de Chânfara, que junto a outros poetas
igualmente afamados, como Tábata Charran,
Sulaik Ibn Sulka e Amru Ibn Barraq, formam o
grupo dos poetas *suluk*, os fora da lei, habitantes
das montanhas e dos lugares mais distantes
do deserto, e cujo discurso, na poesia, incidia
contra uma vida tribal que, no seu entender,
em nome do coletivo, cerceava a liberdade
do indivíduo, levando-o à corrupção moral —
tema esse que o *Poema dos árabes* alardeia do
primeiro ao último verso. De certa forma, o
poema solapa um modelo de sociedade tribal
que se encontrava bastante decadente,
já a ponto de ver, na moral do vindouro islã,
uma inevitável saída; aspecto esse que a
composição prenuncia ao saudar as várias
formas de vida coletiva reconhecidas pelo
Chânfara herói e a selvagem animália,
sobretudo, na ode final ao magnífico harém
das camurças de pele dourada e seu consorte
bode de patas brancas.

Chânfara e seu *Poema dos árabes* podem até ser pessoa e obra forjadas pela ação dos gramáticos das cortes abássidas de Bagdá, que, do século IX em diante, andaram a compor um legado escrito do passado, até então, de existência apenas oral, ou, na melhor das hipóteses, semioral. É o caso de toda a recensão feita a partir dessa época, que valeu não só para a poesia e a prosa de tempos pré-islâmicos, como para o próprio Alcorão, cuja recensão acaba de se completar à altura daqueles anos 800, junto ao registro dos dizeres e feitos do Profeta do islã e dos califas que seguiram a sua legislação nas cidades sagradas de Meca e Medina, inicialmente, e, logo depois, nas demais cidades da Palestina, da Síria, do Egito e do Iraque, à medida que progrediam a arabização e a islamização de boa parte dos contornos imediatos do Mediterrâneo.

A centralidade desse poema, contudo, parece ser a conexão estabelecida, naqueles anos, entre o passado árabe recente e o presente islâmico projetado rumo ao futuro. Chânfara e o insigne poema de sua maioridade poética vieram a ganhar o respaldo nada mais nada menos que da própria figura do Profeta Muhammad que notabilizou-os com o seguinte hadice: "Ensine o *Poema dos árabes* aos seus filhos. Ele lhes ensinará a moral elevada". Embora, em verdade, tal dizer não esteja reconhecido pelos principais colecionistas de hadices, ainda assim, ele atesta o seu potencial de, num islã já ortodoxo, aproximar dois mundos em tese irreconciliáveis: o monoteísmo e o paganismo árabe.

Aquela poesia pré-islâmica, que enfim notabilizou os árabes do deserto na imaginação das futuras gerações da civilização oriental, segue inexorável na formulação de seus tropos. Como se vê na leitura deste poema, ela segue mínima, rudimentar, original; ao mesmo tempo, grandiosa, elaborada, ápice de uma formulação que remonta a um tempo no qual o árabe, à forja de apartado no deserto, fez-se linguagem e ciência de vida relativamente bem sucedidas no meio que o acolheu, ambientando-o à aridez, e, com isso, o segregou.

    Tal linguagem a refletir tal ciência e tal ciência a refletir tal linguagem foram capazes de resistir aos apelos sempre hodiernos do Alcorão e da impactante civilização que engendrou — cultora, em particular, da arte do verso culto e refinado, chegado a tão alto nível no período medieval que, entrado o século xx das vanguardas, só a execução de um árduo programa de reavaliação da tradição poética, com retomadas e abandonos criteriosos, pôde conduzir, por fim, à nova poesia contemporânea em língua árabe.

    O Alcorão e a *casida* árabe, gênero a que pertence este poema, impuseram-se, ao longo dos anos, como o referencial árabe e seu vetor. Possivelmente, porque tal poesia e tal Livro são, do ponto de vista de sua materialidade, cabeça e cauda de um mesmo corpo, em disposição girante, integradora, retroalimentados pelas possibilidades infinitas de se adiantarem ao ser árabe, sendo-lhe a ontologia.

O *Poema dos árabes* do errante Chânfara, da tribo de Azd, do Iêmen, escrito menos de uma centúria antes da Hégira, é peça exemplar do que aqui expomos: empuxa o ser para fora do limite da potência social, enquanto o Alcorão o mitiga para dentro; encosta o ser no limiar da animalidade — garras, pelos, bicos, mandíbulas, bocarra —, enquanto o Alcorão sobreleva o ser às portas da razão e, no cálamo, humaniza-o, fazendo-o ver o que fora e será: um ser animado.

Declaração de falência do coletivo e do homem coletor, o *Poema dos árabes* é todo recusas do humano; contudo, abre-se à contradição de encontrar — nas citadas camurças fêmeas, à guiza de alcançar um prêmio de paz e conforto para a vitoriosa solidão do ser no mundo, encontrado no alto de uma colina, em panorama aéreo a descobrir-lhe os confins da Terra — o harém que funde homem e animal em verossímil forma de civilização que é toda metonímia da sociabilidade ordeira e, portanto, de possibi-

lidade para o que preconizará, algumas décadas depois, o Alcorão. O contraste zoomorfia-
-humanidade integral, na linguagem deste poema de Chânfara, é prova de que tal hesitação é retomada do ser (re)pleno a sondar uma sociabilização mais acurada.

De minha parte, tentei, em repetidos momentos, propor uma tradução desse poema, dentre o vasto universo da poesia pré-islâmica, tópica da conhecida obra, *Os poemas suspensos*, objeto de atenção do romancista carioca Alberto Mussa que, em 2006, dedicou-lhe uma versão elegante, não-métrica, inclusive da peça de que aqui nos ocupamos.

As hesitações daquelas tentativas deveram-
-se, em muito, a uma busca de entendimento do ritmo do poema árabe, bem como das formas adequadas e funcionais da poesia em língua portuguesa que suportassem uma configuração

que mais aproxime o leitor do que o afaste da ambiência sonora do poema quando acessado oralmente em árabe — imaginando, aqui, uma recitação concomitante (desafiadora) em ambos os idiomas: as inflexões da métrica, do ritmo, o andamento da recitação verso após verso, a harmonia das combinações fonêmicas etc.

 Em árabe, este poema se chama *lamiyyat alarab*, isto é, "poema rimado com a letra *lám* e que fala dos árabes"; poema portanto monorrimo, ao longo dos seus 68 versos duplos. Optei, na tradução, por conferir, ao poema em português, uma dicção que encerre, em cada par de versos, uma unidade sonora desvinculada do restante do poema. A opção de rima foi a rima toante, na maioria das vezes, que faz rimarem a vogal tônica e a átona posterior, quando houver, a exemplo de "favor-generoso", "peito-frêmito". Nas demais vezes, optei pela rima incompleta, que rima somente a vogal tônica, a exemplo de "asseguro-noturna", "bruto-hirsuta", ou a quase completa, que rima a vogal tônica e aproxima as vogais átonas, como em "adornado-talabarte", "útil-assustem". O objetivo é não engessar o poema em português, numa época como a nossa em que fazer poesia rimada leva a poesia para um lugar anacrônico. Rima quase não-rima, muito bem conhecida da poesia brasileira desde João Cabral.

    Por outro lado, o metro usado em árabe é o chamado *tawil*, que consiste em repetir duas vezes a sequência de 1 unidade curta seguida de 2 longas e 1 unidade curta seguida de 3 longas, o que pode ser configurado pelos signos ∪ – – ∪ – – – ∪ – – ∪ – – –. O verso em árabe, portanto, traduzido para os nossos termos, consistiria numa sequência de 14 sílabas, nas quais a unidade curta árabe corresponderia a uma sílaba átona e a unidade longa árabe corresponderia a um sílaba tônica. O verso em português mais próximo seria um composto de dois heptassílabos agudos em cada verso do pareado, o que redundaria na sequência de quatro versos heptassílabos agudos, o que, por sua vez, levaria a ritmo invariavelmente mecânico, previsível e esteticamente anacrônico, além da inevitável monotonia rítmica. Encontro, porém, afinidades na combinação de dísticos pareados de 13 sílabas, que alternam, no interior de cada verso, unidades de 6 e 7 sílabas, ou de 7 e 6, alternando, idealmente, essa combinação em cada um dos 68 versos pareados. Tal disposição reproduz a realização da poesia oral — muito em particular, a que se realiza no Nordeste e no Sul brasileiros. A escansão dos versos, portanto, é "ajustável" à flexão da voz do orador; daí dever se ora juntar ora separar encontros de vogais fracas e fortes onde, na poesia escrita "medida", a rigor, deva caber uma ou outra das opções.

Busquei igualmente a comunicação imediata para, no modo de texto oralizado, produzir / reproduzir uma ideia, uma sensação, um símile, um caráter de persona, sem necessidade de "voltar a leitura", condição almejada na poesia oral. Isto é, o verso tem de funcionar ouvido, tanto quanto lido.

Na dimensão sintático-expositiva persegui, sempre que possível, manter a tensão entre a síntese e a análise, combinando os símiles à "atmosfera" narrativa mais adequada e, ao mesmo tempo, perfilando o poema em português no sistema de recepção próprio do tempo da tradução, que norteia-se por não apagar os referenciais do tempo e do lugar do poema original e de sua fabulação. Tal exercício, pontual da crítica feita via tradução, é resultado de estudo que se deixou madurar com tempo e paciência ao longo dos anos. É assim que (re)concebo aqui este clássico de Chânfara e da literatura universal.

MICHEL SLEIMAN
SÃO PAULO, MARÇO DE 2020

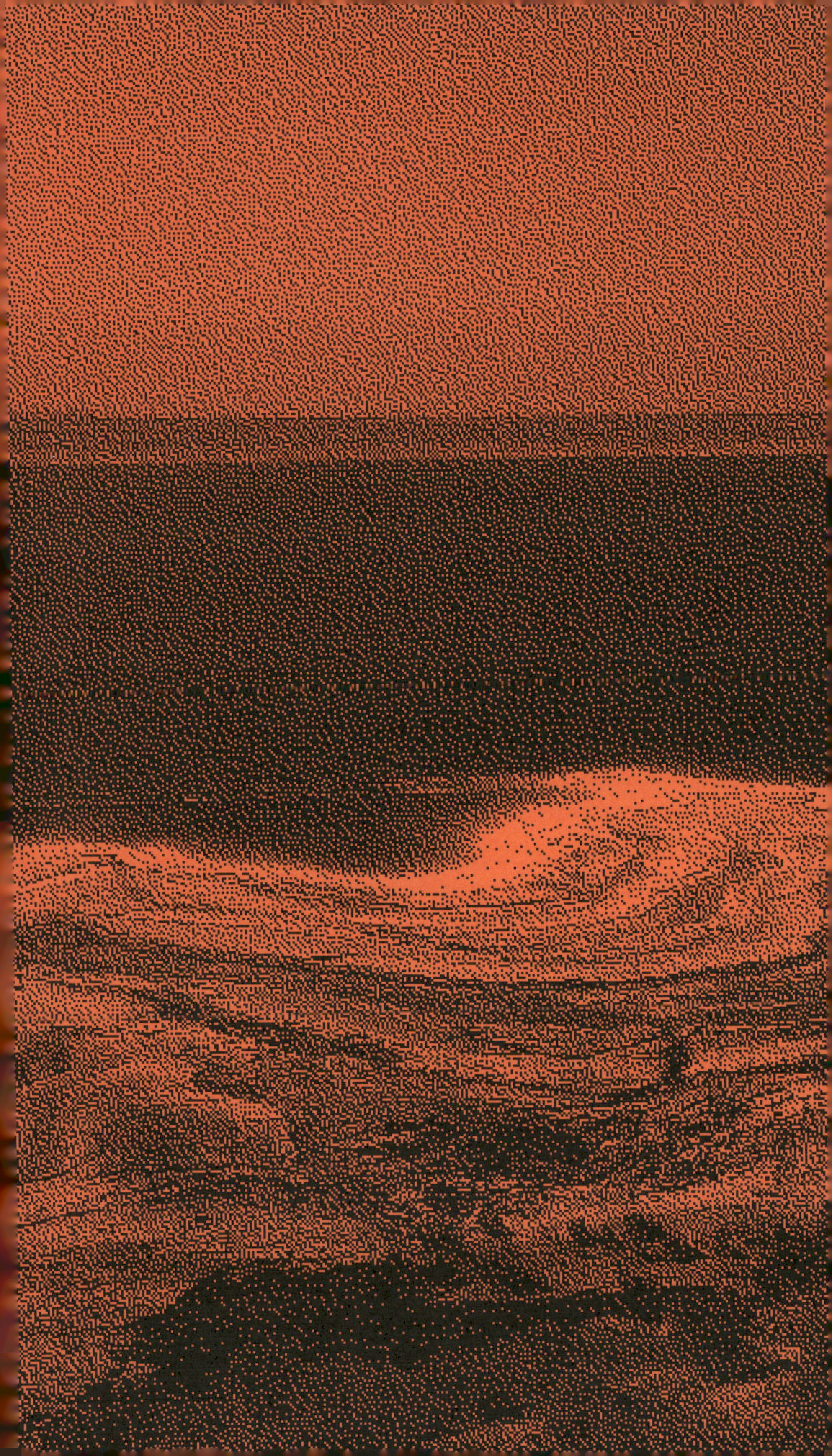

Poema dos árabes

قِيمُوا بَ

Levantem, meus irmãos, o peito das montarias,
eu agora a outro bando o meu passo me inclina.

Tudo está pronto, e urge, a noite enluarou,
firmes cascos e arreios, para longe eu vou.

Há na terra, ao honrado, um refúgio contra o mal
e a quem teme o ódio ela também guarda um lugar.

Não há limites na terra, eu lhes asseguro,
ao ciente que empreende a viagem noturna.

Tenho, além de vocês, outros que são meus:
o bruto chacal, o malhado reluzente, a hiena hirsuta.

São dos meus. Não revelam segredo confiado,
nem relegam um homem por um ato culpável.

Todos têm honra e, nisso, são bravos, e eu sou mais:
sou quem primeiro enfrenta o animal feroz.

E quando as mãos avançam à comida eu não sou
o mais rápido; é o mais ávido quem se adiantou.

Isso só é um pouco do meu vasto favor
com eles, o melhor é ser o mais generoso.

A mim é o que basta — não espero recompensa
de gente com quem não se pode ter confiança —,

três companheiros: um, o ardente coração;
outro, a afiada nua; e outro, o esguio, cor de açafrão,

arco ululante, liso no toque e adornado
por incrustações pendentes e um talabarte.

Quando ele arqueia, a flecha passa e geme, como a
desesperada aos gritos que uiva pelo seu morto.

Não sou desses que à noite apascentam camelos
e crias mal nutridas, fêmeas que não aleitam.

E nem sou covarde que disfarça o mau hálito e
depende da mulher para todo e qualquer trato.

Nem sou desses néscios, avestruz que tem no peito
um pardal que sobe e desce em constante frêmito.

Nem sou desses tolos, caseiros, enrabichados,
que vão e vêm, óleos no corpo, olhos delineados.

Nem feito parvo, mutuca, mais nocivo que útil;
ameaçado, fica inerme, basta que o assustem.

"هناك في قلب الصحراء وجدت نفسي"

مهَزَّتَةُ فوهُ كأ
نقوقُ العِصبي

Nem sou desses que encolhem nas trevas se a camela
inclina o passo num deserto sem referência.

Quando a pedra dura bate nas patas de minha
camela, lascas faíscam, eclodem chispas.

A fome eu a prolongo até que a elimine,
e ignoro pensar nela até que dela olvide.

Até sorvo o pó da terra, para que homem bom
nenhum queira à minha frente dar de generoso.

Não temesse o desprezo, todo poço eu faria
que fosse só meu, e assim também com a comida.

Mas uma alma amarga eu não sustentaria
diante o desprezo, e então eu sigo uma outra via.

Dobro as vísceras sobre a fome como se dobra
a lã crespa no novelo — se estica e se enrola.

De manhã pra comer saio à cata como o esquálido
animal zanza, a tez cinza, no horizonte, pálido.

Zarpa, sobre a fome dobrado, como vento
desce, disparado, a trilha dos desfiladeiros.

Quando lhe escapa o alimento onde o buscava,
grita; respondem-no seus semelhantes de esgarro.

Rostos finos, esbranquiçados, eles são como
flechas rodadas entre os dedos de um jogador.

Ou abelha-rainha, tocada pela vara
do apanhador de mel, que enxameia exaltada.

Bocarras, goelas escancaradas, mandíbulas
como bambu fendido, intrépidas, sinistras.

Se ele urra, eles urram, no descampado, como as
carpideiras que, no alto da colina, choram.

Fecha os olhos, eles fecham; larga-se, eles largam-se;
indigentes, acode; indigente, acodem.

Lamenta, eles lamentam; volta a andar, eles voltam.
Resignar é melhor se lamentar já não vale.

Afasta-se, afastam-se, rapidamente; e nisso,
ocultando o que os aflige, parecem mais dignos.

Bebem de meus restos só as gangas negras, depois
de rondar o poço, como a crocitar, à noite.

رجال في الشمس

أُمُّ قَسْطَل قَبْلُ أَطْوَلُ

Lanço-me, lançam-se; deixam-se cair pesadas
e de mim levanta um vencedor de andar pensado.

Afasto-me delas, e elas arrastam ao fundo
da água o seu corpo — juntos bico, goela, bucho.

A gritaria delas em torno da água lembra
viajantes de várias tribos montando tendas.

Elas vêm de muitas partes, o poço é um apelo,
como a fonte que reúne as tropas de camelos.

Rápida golada e logo partem, tal na aurora
sai de Uházat a caravana apavorada.

Afeito à face da terra, ali eu me deito as
vértebras-giba, pele seca, ossos salientes

e, embaixo, braço descarnado, os ossos das juntas,
dados que um jogador lançou e caíram justos.

Se a Mãe-da-Poeira anda triste por al-Chânfara,
com ele se alegrou por muito mais tempo antes.

Banido por crimes que lhe disputam a carne,
por qual deles a morte chegará inexorável?

Quando ele dorme, eles dormem, olhos abertos,
prontos para assistirem ao infortúnio certo.

Dos tormentos amigo, vão e voltam constantes,
como febre quartã, ou mais ainda insistentes.

Quando vêm beber ao poço, disperso-as, mas
voltam, investem de cima, dos lados, de baixo.

Era ver-me, sob o sol, como a Filha-da-Areia,
carquilhado, pés descalços, alheio à magreza.

Sou cria da paciência, e nessa roupa me cubro o
coração de chacal, nos pés andar resoluto.

Às vezes estou pobre, às vezes estou rico,
mas só alcança a riqueza quem anda desprendido.

A falta não me é angústia, revelo-a por inteiro,
nem me anima a riqueza a fazer-me sobranceiro.

A ignorância não desdenha do meu juízo,
nem persigo, crítica afiada, feito mendigo.

Noite nefasta, arco ateado nas mãos do arqueiro
e flechas incendiadas por seu lançar certeiro.

بزرگراه‌ها

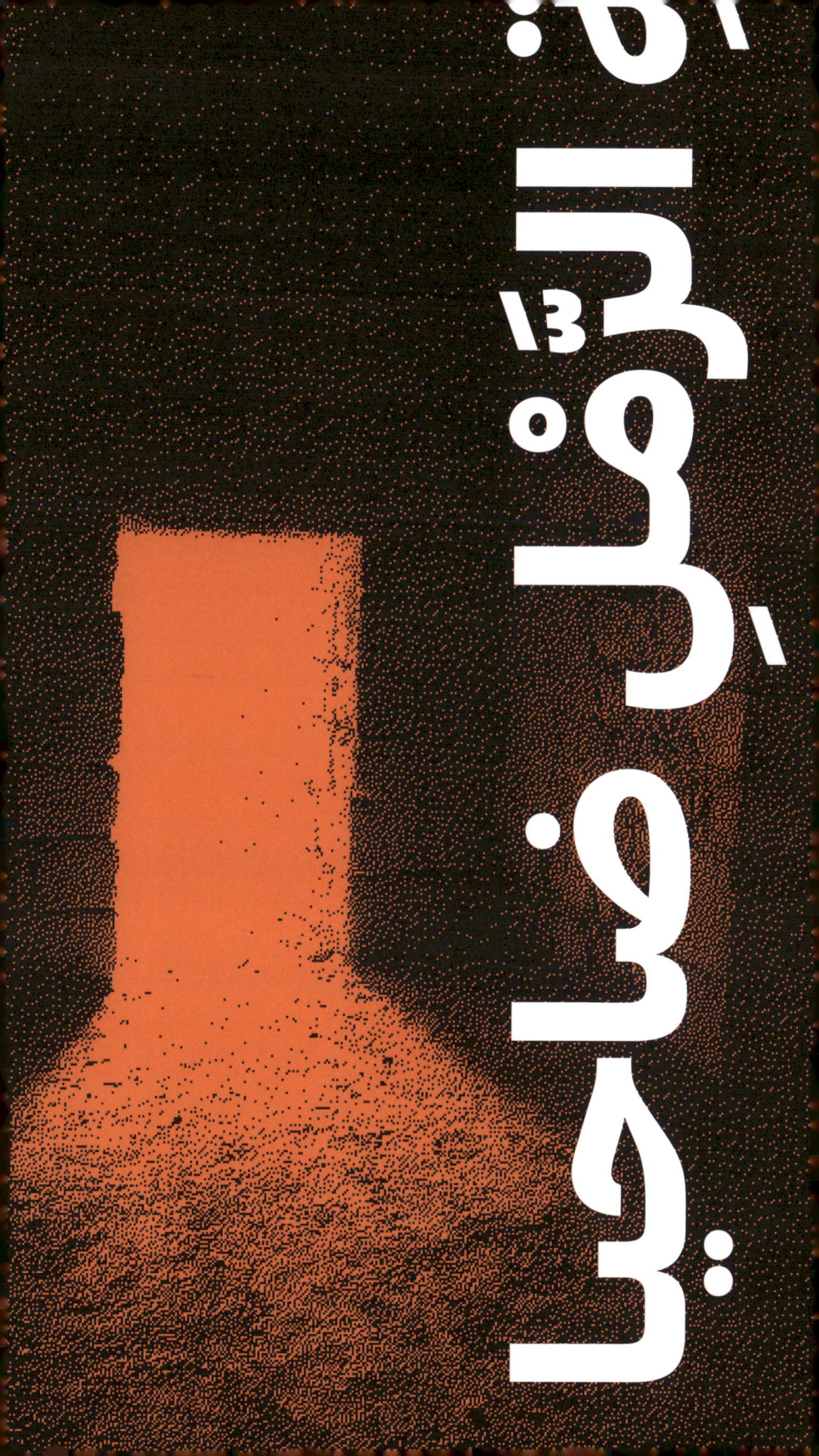

عَسَّهُ
مَا يُمْتُ نِسْوَانَ
وعُدْتُ كما أبْ

Pisei o escuro, pisei a chuva, e a meu lado
a fome, o medo, o tremor e o andar regelado.

Mulheres faço viúvas, órfãs as criancinhas,
volto como parti, a noite é mais noite ainda.

Al-Ghumaissá. Ia montado, certa manhã,
quando ouvi um grupo a outro grupo interpelar.

Disseram: — Nossos cães... latiram muito esta noite.
— Era lobo ou... filhote de hiena o que rondou?

— Um ladrido e só, e depois a coisa se acalmou.
— Seria uma ganga, ou... um açor que se assustou?

— Se foi gênio... na certa foi do aziago noturno.
— Se foi gente... mas não, gente não tem tal costume.

Dia de canícula, a baba escorrida,
e víboras, no solo escaldante, retorcidas.

Encarei-o, rosto erguido, proteção alguma,
nada à cabeça e, no corpo, uma veste já adusta.

Pelo espesso, quando o vento bate o espalha
e reparte em mechas pensas, nunca penteadas;

sem bálsamo, seboso, ninguém pra catar piolho
e já passa de um ano que não lhe dão um banho.

Descampados, feito dorso de escudo, e deserto
nunca dantes palmilhado, cruzei, passo destro;

uni começo e fim e, no alto de uma colina,
ora em pé ora sentado, a contemplar eu vi

o ir-e-vir, ao meu redor, das camurças douradas,
como virgens a portar vestes de longa cauda,

a correr no crepúsculo ao meu redor; eu, bode
de patas brancas, descendo, recurvos, os cornos.

تنهایی همهٔ گروه

Michel Sleiman

Poeta, editor, tradutor, professor, Michel Sleiman nasceu em 1963, em Santa Rosa, RS, e mora em São Paulo desde 1991, onde ensina Língua e Literatura Árabes na Universidade de São Paulo e orienta estudos de pós-graduação em Letras Estrangeiras e Tradução. Coordena um grupo de tradução da poesia árabe que reúne pesquisadores interessados na transposição crítico-criativa dessa poesia ao sistema literário brasileiro. Desenvolve estudos em tradução crítica do Alcorão e da poesia oriental e andalusina. Dele são os ensaios e traduções de *A poesia árabe-andaluza: Ibn Quzman de Córdova* (Perspectiva, 2000), *A arte do zajal* (Ateliê, 2007) e *Poemas/Adonis* (Companhia das Letras, 2012). Editou *Tiraz* — revista de estudos árabes e das culturas do Oriente Médio (USP) —, entre 2004 e 2016, e coeditou dois números da revista *Criação & Crítica* (USP). Como poeta publicou *San Tá Cidade* (1984), *O quarto movimento* e *E da rosa?* (UFSM, 1985), *Do amor e da areia* (1993) e *Ínula Niúla* (Ateliê, 2009).

Dados internacionais de Catalogação na Publicação (CIP)

C456p
 Chânfara
  Poema dos árabes / Chânfara ; tradutor: Michel
 Sleiman. — 1. ed. — Rio de Janeiro : Tabla, 2020.
  64 p. ; 23 cm. – (Coleção Alif)

  Tradução de: Lamiyyat alarab.
  Texto em árabe com tradução para o português.

  ISBN 978-65-86824-00-1

  1. Poesia árabe. I. Sleiman, Michel
  II. Título. III. Série.

                                              CDD 892.71

Roberta Maria de O. V. da Costa – Bibliotecária CRB-7 5587

Uma primeira versão do *Poema dos árabes*, com tradução de
Michel Sleiman, foi publicada na revista *Tiraz*, n. 7 (USP, 2010).

Tiragem
2000 exemplares

MISTO
Papel produzido a partir
de fontes responsáveis
FSC® C011095
www.fsc.org

Este livro foi composto nas fontes Sentinel e Graphik Arabic,
utilizando papel offset 75 g/m², com impressão e acabamento
realizados pela Ipsis Gráfica em julho de 2020.

Título original em árabe
لامية العرب | *Lamiyyat alarab*

Tradução
© 2020, Michel Sleiman

Coordenação editorial
Laura Di Pietro

Capa, projeto gráfico e diagramação
Marcelo Pereira | Tecnopop

Fotos da capa e do miolo
© 2019, Laura Di Pietro

Produção gráfica
Marcia Signorini

Revisão
Renato Roschel

Este livro atende às normas do Novo Acordo Ortográfico em vigor desde janeiro de 2009.

Curadoria da Coleção Alif
Michel Sleiman

2020

Todos os direitos desta edição reservados à
Editora Roça Nova Ltda.
+55 21 99786 0747
editora@editoratabla.com.br
www.editoratabla.com.br

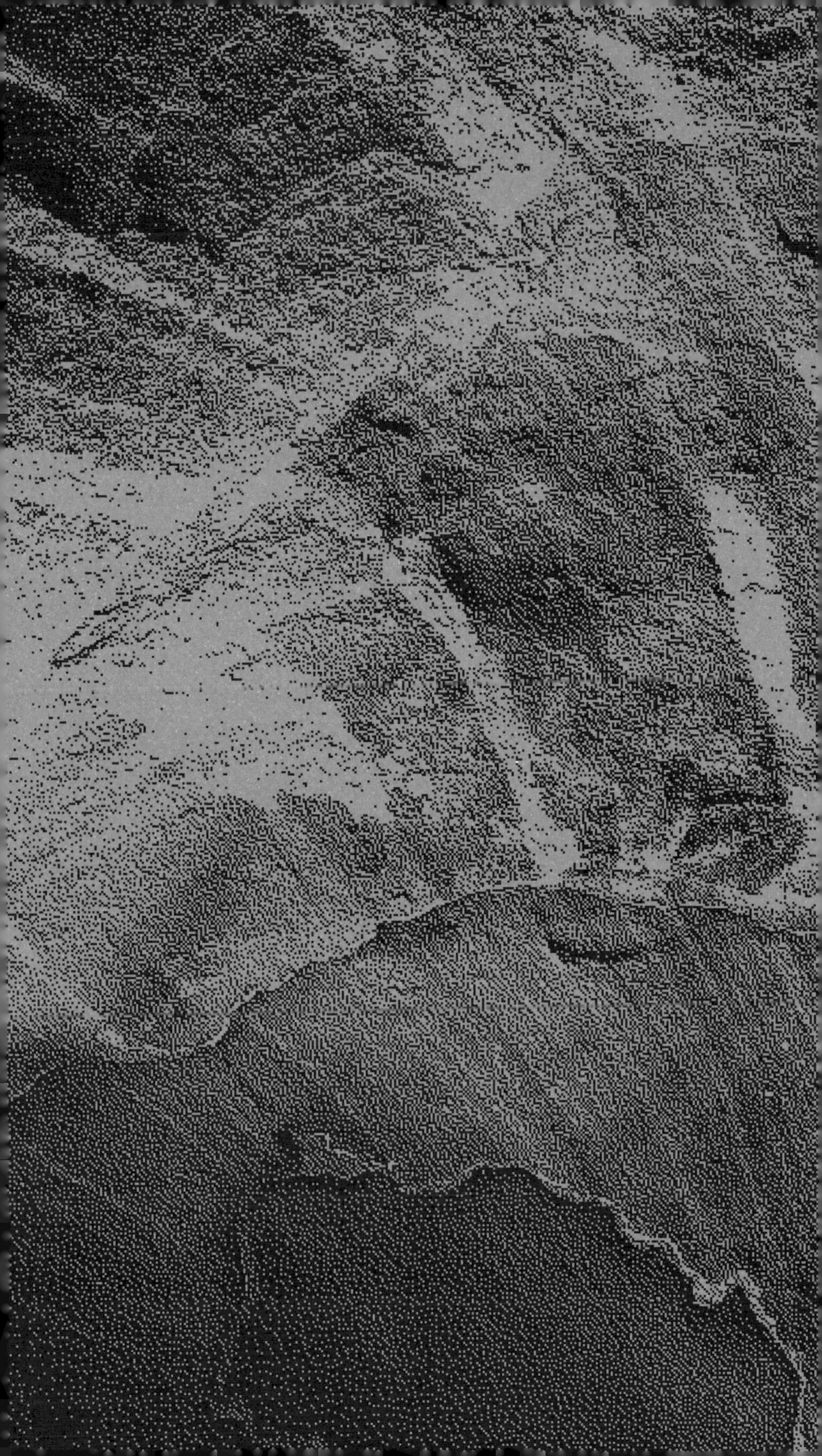

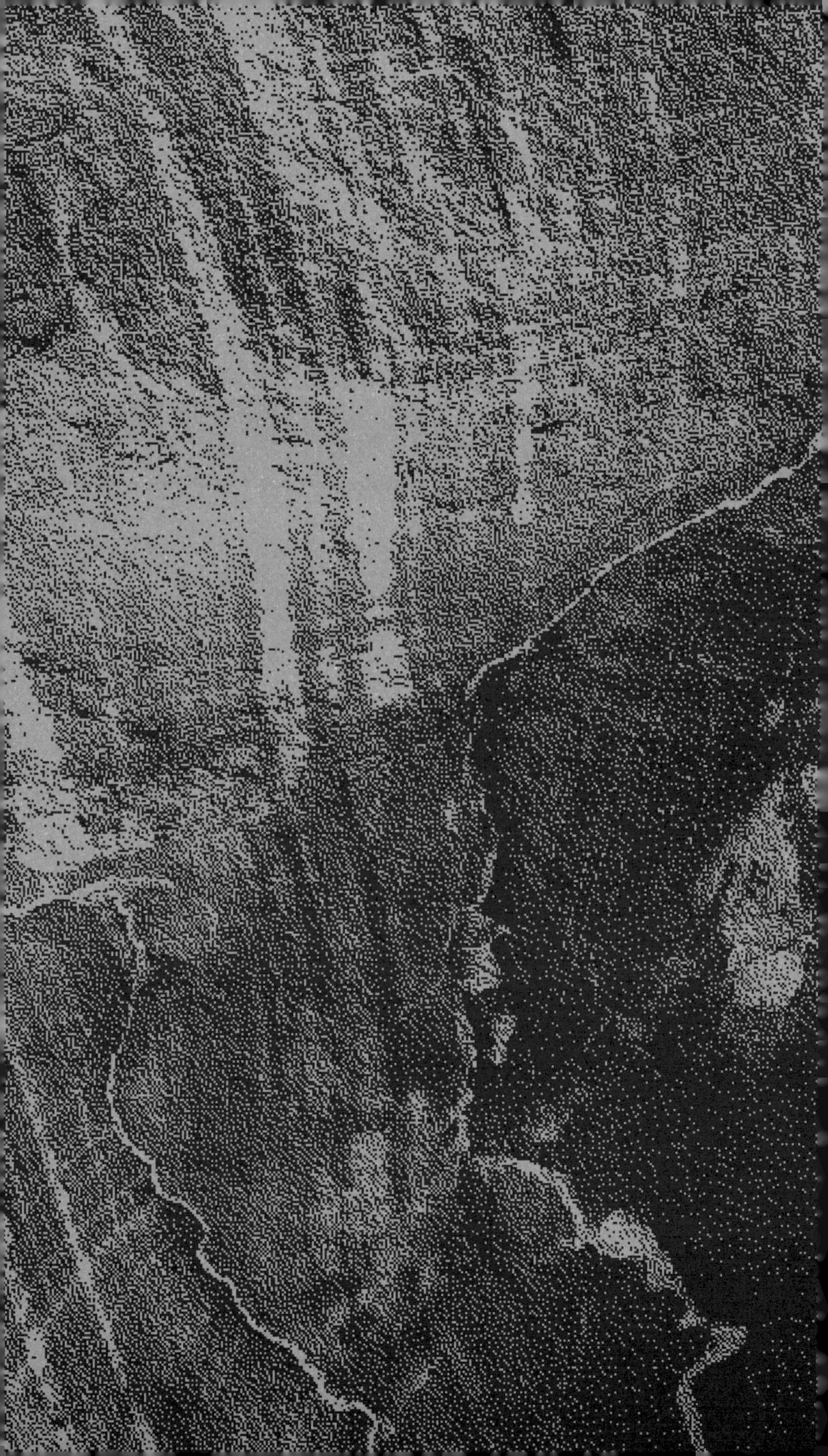

no alto de uma colina
ora em pé ora sentado

بَعيدٌ بِمَسِّ الدُّهنِ والفَلْيِ عَهْدُهُ
له عَبَشٌ عافٍ مِنَ الغِسلِ مُحْوِلُ

وَخَرْقٍ كَظَهْرِ التُّرْسِ قَفْرٍ قَطَعْتُهُ
بِعَامِلَتَيْنِ ، ظَهْرُهُ لَيْسَ يُعْمَلُ

فَألْحَقْتُ أُوْلَاهُ بِأُخْرَاهُ موفيا
على قُنَّةٍ أُقْعِي مِرَارا وَأَمْثُلُ

تَرُودُ الأَرَاوي الصُّحْمُ حَوْلي كَأَنَّها
عَذَارَى عَلَيْهِنَّ المُلَاءُ المُذَيَّلُ

وَيَرْكُدْنَ بِالآصَالِ حَوْلي كَأَنَّني
مِنَ العُصْمِ أَدْفَى يَنْتَحي الكِيحَ أَعْقَلُ

دَعَسْتُ على غَطْشٍ وَبَغْشٍ وَصُحْبَتي
سُعارٌ وإِرْزيزٌ وَوَجْرٌ وَأَفْكَلُ

فأَيَّمْتُ نِسْوانًا وأَيْتَمْتُ إلْدَةً
وَعُدْتُ كما أَبْدَأْتُ واللَّيْلُ أَلْيَلُ

وأَصْبَحَ عَنّي بالغُمَيْصاءِ جالسًا
فَريقانِ : مَسْؤُولٌ وَآخَرُ يَسْألُ

فَقالُوا : لَقَدْ هَرَّتْ بِلَيْلٍ كِلابُنا
فَقُلْنا : أَذِئْبٌ عَسَّ أَمْ عَسَّ فُرْعُلُ

فَلَمْ يَكُ إلّا نَبْأَةٌ ثُمَّ هَوَّمَتْ
فَقُلْنا : قَطاةٌ رِيعَ أَمْ رِيعَ أَجْدَلُ

فَإِنْ يَكُ مِنْ جِنٍّ لأَبْرَحُ طارِقًا
وإِنْ يَكُ إِنْسًا ما كَها الإِنْسُ تَفْعَلُ

وَيَومٍ مِنَ الشِّعْرَى يَذُوبُ لُعابُهُ
أفاعِيهِ في رَمْضائِهِ تَتَمَلْمَلُ

نَصَبْتُ له وَجْهي ولا كِنَّ دُونَهُ
ولا سِتْرَ إلّا الأَتْحَمِيُّ المُرَعْبَلُ

وَضافٍ إذا طارَتْ له الرِّيحُ طَيَّرَتْ
لبائِدَ عن أَعْطافِهِ ما تُرَجَّلُ

Mulheres faço viúvas

olto como parti, a no

mo a Filha-da-Areia
os, alheio à magreza

تَنامُ إذا ما نام يَقْظى عُيونُها
حِثاثا إلى مَكْروهِهِ تَتَغَلْغَلُ

وإلْفُ هُمُومٍ ما تَزَالُ تَعودُهُ
عِيَادا كَحُمّى الرِّبْعِ أو هِيَ أثْقَلُ

إذا وَرَدَتْ أصْدَرْتُها ثمّ إنّها
تَثُوبُ فَتَأتي مِنْ تُحَيْتُ ومِنْ عَلُ

فإمّا تَرَيْني كابْنَةِ الرَّمْلِ ضاحِيا
على رِقّةٍ أحْفى ولا أتَنَعَّلُ

فإنّي لَمَوْلى الصَّبرِ أجتابُ بَزَّهُ
على مِثْلِ قَلْبِ السِّمْعِ والحَزْمَ أفْعَلُ

وأُعْدِمُ أحْيَانا وأغْنَى وإنّما
يَنَالُ الغِنَى ذو البُعْدَةِ المُتَبَذِّلُ

فلا جَزِعٌ مِنْ خَلّةٍ مُتَكَشِّفٌ
ولا مَرِحٌ تَحْتَ الغِنَى أتَخَيَّلُ

ولا تَزْدَهِي الأجْهالُ حِلْمِي ولا أرَى
سَؤُولاً بأعْقابِ الأقَاويلِ أُنْمِلُ

وَلَيْلَةِ نَحْسٍ يَصْطَلي القَوْسَ رَبُّها
وأَقْطَعَهُ اللّاتي بها يَتَنَبَّلُ

هَمَمْتُ وَهَمَّتْ وَابْتَدَرْنَا وَأَسْدَلَتْ
وَشَمَّرَ مِنِّي فَارِطٌ مُتَمَهِّلُ

فَوَلَّيْتُ عَنها وَهِيَ تَكْبُو لِعُقْرِهِ
يُبَاشِرُهُ مِنها ذُقُونٌ وَحَوْصَلُ

كَأَنَّ وَغَاها حَجْرَتَيْهِ وَحَوْلَهُ
أَضَامِيمُ مِن سَفْرِ القَبَائِلِ نُزَّلُ

تَوَافَيْنَ مِنْ شَتَّى إِلَيْهِ فَضَمَّها
كَما ضَمَّ أَذْوَادَ الأَصَارِيمِ مَنْهَلُ

فَغَبَّتْ غِشَاشا ثُمَّ مَرَّتْ كَأَنَّها
مَعَ الصُّبْحِ رَكْبٌ مِنْ أُحَاظَةَ مُجْفِلُ

وَآلَفُ وَجْهَ الأَرْضِ عِندَ افْتِرَاشِها
بِأَهْدَأَ تُنْبِيهِ سَنَاسِنُ قُحَّلُ

وَأَعْدِلُ مَنْحُوضا كَأَنَّ فُصُوصَهُ
كِعَابٌ دَحَاها لاعِبٌ فَهِيَ مُثَّلُ

فَإِنْ تَبْتَئِسْ بِالشَّنْفَرَى أُمُّ قَسْطَلٍ
لَمَا اغْتَبَطَتْ بِالشَّنْفَرَى قَبْلُ أَطْوَلُ

طَرِيدُ جِنَايَاتٍ تَيَاسَرْنَ لَحْمَهُ
عَقِيرَتُهُ لِأَيِّها حُمَّ أَوَّلُ

Mãe-da-Poeira

le se alegrou

de meus restos
ar o poço, com

فَلَمَّا لَوَاهُ القُوتُ مِنْ حَيْثُ أَمَّهُ
دَعَا فَأَجَابَتْهُ نَظَائِرُ نُحَّلِ

مُهَلَّلَةٌ شِيبُ الوُجُوهِ كَأَنَّها
قِدَاحٌ بِأَيدي ياسِرٍ تَتَقَلْقَلُ

أوِ الخَشْرَمُ المَبْعُوثُ حَثْحَثَ دَبْرَهُ
مَحَابِيضُ أَرْدَاهُنَّ سَامٍ مُعَسِّلُ

مُهَرَّنَةٌ فُوهٌ كَأَنَّ شُدُوقَها
شُقُوقُ العِصِيِّ كَالِحَاتٌ وَبُسَّلُ

فَضَجَّ وَضَجَّتْ بِالبَرَاحِ كَأَنَّها
وَإِيَّاهُ نُوحٌ فَوْقَ عَلْيَاءَ ثُكَّلُ

وَأَغْضَى وَأَغْضَتْ وَاتَّسَى وَاتَّسَتْ بِهِ
مَرَامِيلُ عَزَّاها وَعَزَّتْهُ مُزْمِلُ

شَكَا وَشَكَتْ ثُمَّ ارْعَوَى بَعْدُ وَارْعَوَتْ
وَلِلصَّبْرُ إِنْ لَمْ يَنْفَعِ الشَّكْوُ أَجْمَلُ

وَفَاءَ وَفَاءَتْ بَادِراتٍ وَكُلُّها
على نَكَظٍ مِمَّا يُكَاتِمُ مُجْمِلُ

وَنَشْرَبُ أَسْآرِي القَطَا الكُدْرِ بَعْدَما
سَرَتْ قَرَباً أَحْنَاؤُها تَتَصَلْصَلُ

وَلَسْتُ بِمِحْيَارِ الظَّلَامِ إذا انْتَحَتْ
هُدَى الهَوْجَلِ العِسّيفِ يَهْماءُ هُوَجَلُ

إذا الأَمْعَزُ الصَّوَانُ لاقَى مَناسِمي
تَطَايَرَ منه قادِحٌ وَمُفَلَّلُ

أُديمُ مِطالَ الجُوعِ حتَّى أُميتَهُ
وأَضْرِبُ عَنْهُ الذِّكْرَ صَفْحا فأُذهَلُ

وأَسْتَفُّ تُرْبَ الأَرْضِ كَيْلاَ يُرَى لَهُ
عَلَيَّ مِنَ الطَّوْلِ امْرُؤٌ مُتَطَوِّلُ

ولولا اجْتِنَابُ الذَّأْمِ لم يُلْفَ مَشْرَبٌ
يُعَاشُ بِهِ إلاَّ لَدَيَّ وَمَأْكَلُ

وَلَكِنّ نَفْسا مُرَّةً لا تُقِيمُ بي
على الذامِ إلاَّ رَيْثَما أَتَحَوَّلُ

وَأَطْوِي على الخَمْصِ الحَوَايا كَما انْطَوَتْ
خُيُوطَةُ مارِيٍّ تُغَارُ وتُفْتَلُ

وأَغْدُو على القُوتِ الزَّهِيدِ كَما غَدَا
أَزَلُّ تَهَاداهُ التَّنائِفَ أَطْحَلُ

غَدَا طَاوِيا يُعَارِضُ الرِّيحَ هَافِيا
يَخُوتُ بِأَذْنَابِ الشِّعَابِ وَيَعْسِلُ

o pó da terra, pa
ueira à minha fi

...centam camelos
...não aleitam.

وإنّي كَفاني فَقْدَ مَنْ ليس جازِيا
بِحُسْنى ولا في قُرْبِهِ مُتَعَلَّلُ

ثَلاثَةُ أصْحابٍ : فُؤادٌ مُشَيَّعٌ
وأبْيَضُ إصْلِيتٌ وَصَفْراءُ عَيْطَلُ

هَتوفٌ مِنَ المَلْسِ المُتونِ تَزينُها
رَصائعُ قد نيطَتْ إليها ومِحْمَلُ

إذا زَلَّ عنها السَّهْمُ حَنَّتْ كأنَّها
مُرَزَّأةٌ عَجْلى تُرِنُّ وَتُعْوِلُ

وَلَسْتُ بِمِهْيافٍ يُعَشّي سَوامَه
مُجَدَّعَةً سُقْبانُها وَهيَ بُهَّلُ

ولا جُبَّأٍ أكْهى مُرِبٍّ بِعِرْسِهِ
يُطالِعُها في شَأْنِهِ كَيْفَ يَفْعَلُ

وَلا خَرِقٍ هَيْقٍ كَأنَّ فؤادَهُ
يَظَلُّ به المُكّاءُ يَعْلو وَيَسْفُلُ

ولا خالِفٍ دارِيَةٍ مُتَغَزِّلٍ
يَروحُ وَيَغْدو داهِنا يَتَكَحَّلُ

وَلَسْتُ بِعَلٍّ شَرُّهُ دونَ خَيْرِهِ
ألَفَّ إذا ما رُعْتَهُ اهْتاجَ أعْزَلُ

أَقِيمُوا بَنِي أُمِّي صُدُورَ مَطِيكُمْ
فَإِنِّي إِلَى قَوْمٍ سِوَاكُمْ لَأَمْيَلُ

فَقَدْ حُمَّتِ الحَاجَاتُ وَاللَّيْلُ مُقْمِرٌ
وَشُدَّتْ لِطِيَاتٍ مَطَايَا وَأَرْحُلُ

وَفِي الأَرْضِ مَنْأًى لِلْكَرِيمِ عَنِ الأَذَى
وَفِيهَا لِمَنْ خَافَ القِلَى مُتَعَزَّلُ

لَعَمْرُكَ مَا بِالأَرْضِ ضِيقٌ عَلَى امْرِئٍ
سَرَى رَاغِبًا أَوْ رَاهِبًا وَهُوَ يَعْقِلُ

وَلِي دُونَكُمْ أَهْلُونَ: سِيدٌ عَمَلَّسٌ
وَأَرْقَطُ زُهْلُولٌ وَعَرْفَاءُ جَيْأَلُ

هُمُ الأَهْلُ لَا مُسْتَوْدَعُ السِّرِّ ذَائِعٌ
لَدَيْهِمْ وَلَا الجَانِي بِمَا جَرَّ يُخْذَلُ

وَكُلٌّ أَبِيٌّ بَاسِلٌ غَيْرَ أَنَّنِي
إِذَا عَرَضَتْ أُولَى الطَّرَائِدِ أَبْسَلُ

وَإِنْ مُدَّتِ الأَيْدِي إِلَى الزَّادِ لَمْ أَكُنْ
بِأَعْجَلِهِمْ إِذْ أَجْشَعُ القَوْمِ أَعْجَلُ

وَمَا ذَاكَ إِلَّا بَسْطَةٌ عَنْ تَفَضُّلٍ
عَلَيْهِمْ وَكَانَ الأَفْضَلَ المُتَفَضِّلُ

Levante
eu agora

لامية العرب

الشنفرى
لامية العرب

Tabla.